TRICK 17

Ordnung

111 geniale Lifehacks, die Ordnung ins Leben bringen

Inhalt

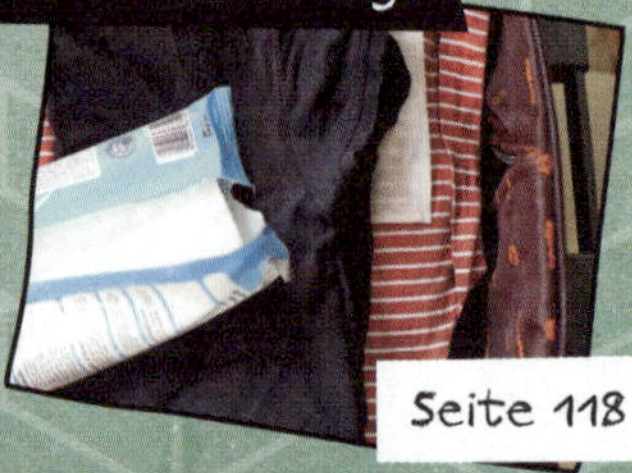

Vorwort

„Ordnung muss **einfach** sein!“ – das ist mein Leitspruch, den ich oft und gerne allen erkläre, die mich nach der optimalen Aufräumtechnik fragen. Hacks sind dafür perfekt! Sie sind einfach und unkompliziert umzusetzen und ziehen gemeinsam mit uns in den Kampf gegen die Bequemlichkeit. Das häufigste Argument, warum man unordentlich ist, ist nämlich die eigene Faulheit. Ich habe meine Hacks deswegen so ausgewählt, dass sie alle schnell und effektiv unseren ganzen Haushalt organisieren – ohne große Bastelaktionen, Shoppingtrips oder aufwendig gestaltete Boxen mit Klappen und Deckeln. Denn eines ist klar: Jedes komplizierte Ordnungssystem ist ein System, das letztendlich ungenutzt bleibt. Sobald es einfacher ist, alles fallen zu lassen, als die Sachen einzuordnen, geben wir der schnelleren Variante den Vorzug. Also Kampf der Faulheit mit leicht umsetzbaren Ideen!

Sabine Haag

Kleiderschrank

&

Wäsche

1 Türsteher

So werden Turnschuhe nach einer Runde in der Waschmaschine schnell trocken: Ein Wäschenetz mit Klettverschlussband versehen (die Seite mit den Häkchen) und das Gegenstück innen an der Trocknertür anbringen. Nun die Schuhe in die Tasche geben und bei niedrigen Temperaturen mit der nächsten Wäscheladung mittrocknen lassen. Das funktioniert übrigens mit allen Sachen, die zu empfindlich für die Trommel sind.

Führt man eine kleine Umfrage durch, wo man im Haushalt so richtig aufräumen und Ordnung schaffen müsste, wird der Kleiderschrank immer als Erstes genannt. Dort finden sich nämlich gerne ein Sammelsurium an ungetragenen Schnäppchen, nicht mehr passenden Erinnerungsstücken und abgetragener Alltagskleidung ein. Da hilft im ersten Schritt nur eins: radikal ausmisten! Anschließend mit den Hacks aus dem folgenden Kapitel deine verbleibenden Lieblingsstücke übersichtlich ordnen und so aufbewahren, dass sie dir noch lange Freude bereiten.

2

Auch für Nichtschwimmer

Um Stiefel nach dem Tragen vollständig trocknen zu lassen oder sie im Sommer gegen Falten zu schützen, sollten sie von innen gut gepolstert werden. Hierbei findet ein Gegenstand Anwendung, der normalerweise im Wasser zu Hause ist: eine Schwimmnudel. Schneide sie in passende Stücke und stecke sie in die Stiefel.

Funktioniert auch prima mit leeren (Wasser-)Flaschen!

3

FÜR FLATTERHAFTE GESELLEN

Deine Tücher fliegen immer wild durch die Gegend und wenn du dich für ein Tuch entscheidest, ist es total zerknittert? Dann bändige deine Sammlung, indem du die einzelnen Tücher mit Wäscheklammern an einen Kleiderbügel klemmst. So kannst du sie platzsparend zwischen deine Kleider in den Schrank hängen.

Bei empfindlichen Stoffen ein Kosmetiktuch zwischen Klammer und Schal festklemmen.

4

SIND WIR NICHT ALLE EIN BISSCHEN KLEIDERBÜGEL?

Kann dein Kleiderbügel mehr als andere? Dann liegt es wahrscheinlich an dem kleinen Dosenverschluss, der um den Haken gehängt wird und so einen zweiten Bügel hält. Diese Aufhängung lässt sich natürlich um beliebig viele Kleiderbügel erweitern.

Auf diese Art sparst du Platz, und Lieblingskombinationen bleiben im Kleiderschrank zusammen.

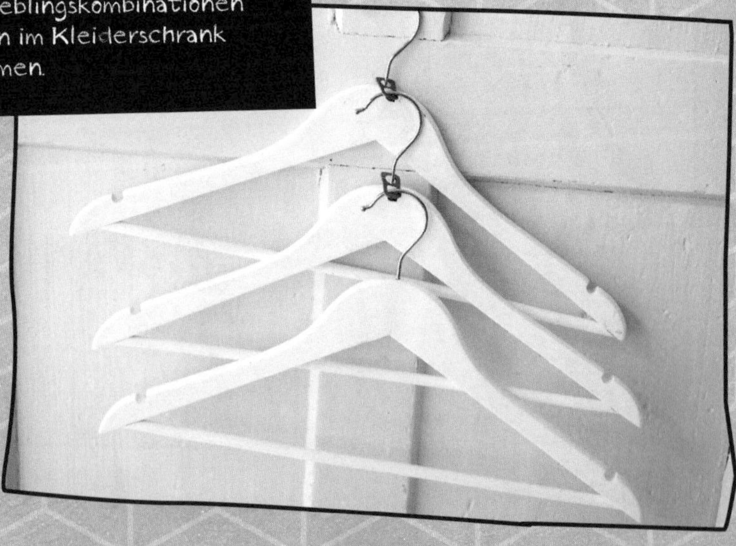

5

Let's twist again!

Rutschende Oberteile gehören der Vergangenheit an, wenn man um die Enden der Kleiderbügel Gummibänder wickelt. So bleiben dünne Blusen, Tops mit langen Trägern und Kleider mit großem Ausschnitt dort, wo sie hingehören.

Denselben Effekt erzielt man, wenn man Kleiderbügel mit flüssigem Silikon bemalt.

6 PÄCKCHEN SCHNÜREN

Dieser Hack funktioniert auch wunderbar mit Tischdecken und den passenden Servietten: Decke kompakt zusammenfalten und die Servietten in das Tischtuchpaket hineinschieben – so ist alles immer sofort griffbereit.

Wo ist das Kopfkissen zum Bettlaken abgeblieben? Kissenbezüge und Betttücher lassen sich ordentlich und übersichtlich aufbewahren, indem man den Kissenbezug mit in den Bettdeckenüberzug faltet und dann darin aufbewahrt. Das ist nicht nur praktisch, sondern im Kleiderschrank auch optisch sehr ansprechend.

Wie bei den Haaren gilt auch hier:
Nie zu lange auf einer Stelle bleiben –
sonst gibt es Materialschäden.

7

KEINE HAARIGE ANGELEGENHEIT

Der Hemd- oder Blusenkragen lässt sich schlecht bügeln? Dann hast du immer nur das falsche Gerät benutzt. Viel praktischer ist hier ein Glätteisen für die Haare: Stoff eventuell etwas anfeuchten und vorsichtig mit dem Haarglätter darüber gehen. Auch ideal für unterwegs, wenn man schnell ein paar Knitterfalten beseitigen, aber kein Reisebügeleisen mitnehmen möchte.

5-KAMPF FÜR LANG-SCHLÄFER

8

Das Spannbetttuch ist der Angstgegner eines jeden Ordnungsfans! Aber eigentlich ist es gar nicht so schwer, es ordentlich im Schrank zu verstauen:

1. Halbieren und die Ecken übereinanderlegen.

2. Die Seiten mit dem Gummi nach innen schlagen, sodass ein ordentliches Viereck entsteht.

3. Nun alles dritteln.

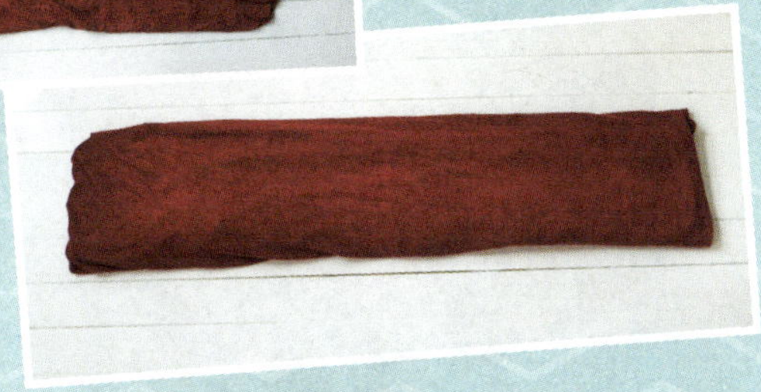

4. Das entstandene schmale Stück glattstreichen und von rechts und links nach innen schlagen.

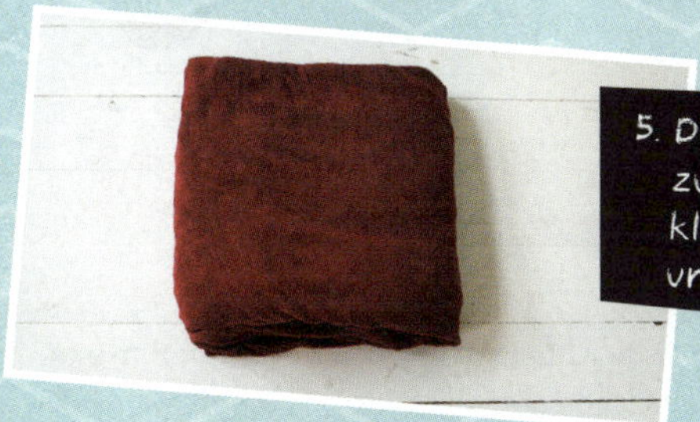

5. Die Hälften zusammenklappen – und freuen!

Der Deckelhalter sortiert auch Unterlagen, Schals – und natürlich Topfdeckel!

9 GUT AUFGESTELLT

Kleine Taschen fliegen gerne in Schränken und Schubladen herum und geraten oft in Vergessenheit. Schön ordentlich lassen sie sich in einem Topfdeckelhalter aufstellen, der für den perfekten Überblick sorgt.

10 Wäsche-karussell

Das teure Tuch oder die feine Unterwäsche wurden mit der Hand gewaschen und tropfen nun munter vor sich hin? Eine vorsichtige Runde in der Salatschleuder schadet selbst empfindlichen Stoffen nicht und ist wesentlich effektiver als das mühsame Ausdrücken.

Nicht zu schnell und wild drehen, damit Verzierungen wie Stickereien oder kleine Perlchen nicht hängenbleiben.

In Reih und Glied

11

Alle Shirts liegen ordentlich gestapelt im Regal – und dann braucht man ausgerechnet genau das unterste! Wir alle kennen das Rumgerutsche oder Auseinanderfleddern, das nun den wunderbaren Stapel zu einem wilden Haufen werden lässt.
Wer seine Shirts klein faltet und hochkant in einer Schublade aufbewahrt, spart sich zukünftig diese Unordnung.

1. Die Ärmel des Shirts von hinten normal zusammenlegen.

2. Das Shirt in der Mitte falten.

3. Nochmal mittig falten.

4. Alle Shirts hochkant in die Schublade stellen.

12 Eine ausgeschlafene Idee

Alte Kopfkissenhüllen werden zukünftig nicht mehr entsorgt, sondern bekommen eine neue Aufgabe als Kleidersack! Vorsichtig ein Loch oben in die Mitte hineinschneiden und den Kleiderbügelhaken samt Kleidungsstück hindurchstecken.

Wer es perfekt mag, näht das Kopfkissen etwas enger und rundet die Ecken ab.

13

Nie mehr Puppenkleider produzieren

Der Liebste hat den Bikini aus Versehen bei 60 Grad gewaschen? Der Kaschmirpulli ist nach der Runde im Trockner drei Nummern kleiner? Einfach auf einem Stück Masking Tape eine Nachricht an der Waschmaschinen- oder Trocknertür hinterlassen und alle fleißigen Helfer wissen zukünftig Bescheid!

Du kannst die Anweisung auch mit einem abwaschbaren Marker an die Trockner- bzw. Waschmaschinentür schreiben.

So behält am Ende jede Socke ihren Partner!

Schlagt den Aliens ein Schnippchen!

14

Es ist allseits bekannt: Socken werden direkt aus der Waschmaschine von Außerirdischen entführt – anders kann man das Verschwinden der vielen Einzelstrümpfe wohl kaum erklären. Was viele nicht wissen: Aliens trauen sich nicht an Wäschesäcke! Also rein mit den Sockenpaaren, gut verschließen und waschen.

15

Spurensuche

Klemmbügel sind super praktisch, wenn die Kleidung nicht verrutschen soll. Leider nehmen sie ihren Job jedoch zu ernst, sodass auf empfindlichen Stoffen Abdrücke entstehen können. Damit der schöne Seidenrock unversehrt getragen werden kann, sollte man einen Streifen Papier zwischen Stoff und Klemme platzieren.

Ein dünnes Stück Schaumstoff funktioniert genauso gut und kann direkt an den Klemmen festgeklebt werden.

Um dieses Malheur zukünftig zu vermeiden, kann man Knöpfe mit Zahnseide annähen. Das hält ewig!

FLUCHTGEFAHR GEBANNT 16

Man schaut an sich herunter, stellt fest, dass sich gerade ein Hemd- oder Blusenknopf aus seinem Dienst verabschieden möchte, doch die Zeit fehlt, um ihn in Ruhe anzunähen? Damit er an Ort und Stelle bleibt und man den Rest des Tages nicht mit einer Sicherheitsnadel überbrücken muss, kann man den Faden mit durchsichtigem Nagellack am Knopf fixieren.

Verduftungs-gefahr

17

Trocknertücher selber machen ist super easy: Ein saugfähiges Tuch mit fünf bis zehn Tropfen ätherischem Öl beträufeln und in den Trockner legen.

Die Duftrichtung kann man ganz nach Lust und Laune ändern.

18

KUNSTVOLLE LÖSUNG

Der Reißverschluss verhakt sich immer oder lässt sich nur schwer schließen? Wachsmalstifte in der passenden Farbe geben den Häkchen die nötige Gleitfähigkeit zurück: Mit einem Stift über den Verschluss reiben und ihn dann vorsichtig zuziehen.

Keine Angst, wenn die richtige Farbe fehlt – die Stifte sind nicht deckend.

Notizen

Wirklich ärgerlich ist es, wenn
Lieblingsstücke einlaufen oder falsch
gepflegt werden. So sehr man die
Hilfe seiner Familienmitglieder
auch schätzt, so schade ist es, wenn
der geliebte Pullover am Ende nur
noch der Puppe passt. Da helfen
Erklärungen, wie auf Seite 21 be-
schrieben. Und wer es ein bisschen
„professioneller“ mag, bastelt ein
kleines Hinweisschild, das laminiert
an die Maschine gehängt wird.

Die größte Herausforderung im
Kleiderschrank ist das Bewahren der
Ordnung! Einmal aufgeräumt, sieht
er fantastisch aus, aber schon eine
Woche später sind die T-Shirt-Stapel
wieder zusammengebrochen oder die
Seidenblusen hängen auf „Halbmast“.
Schau mal auf Seite 11 oder Seite 18,
wie man das vermeiden kann!

Küche & Bad

19 In Reih und Glied

Topfdeckelaufbewahrung gehört zur Königsdisziplin eines Ordnungsschaffenden. Um sie platzsparend zu verstauen, lassen sie sich mit einfachen Klebehaken an der Innenseite des Schrankes befestigen. Dabei darauf achten, dass sich genug Platz zwischen Türinnenseite und Schrankinhalt befindet, damit sich die Tür schließen lässt.

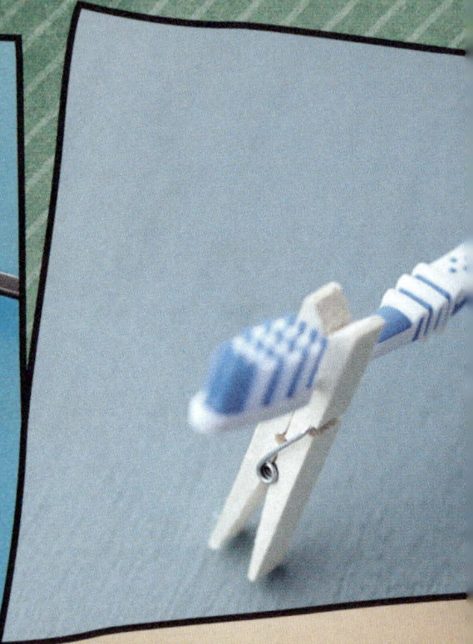

Ordnung in der Küche und im Bad – keine leichte Aufgabe, da beides täglich mehrfach von allen Familienmitgliedern genutzt wird. Und im Gegensatz zu anderen Zimmern kommt noch eine Komponente dazu: Die Räume werden ganz schnell schmutzig! Also müssen die Hacks für diese Bereiche nicht nur Ordnung schaffen, sondern zusätzlich das Thema „Putzen“ so einfach wie möglich machen – oder dabei helfen, es am besten ganz zu vermeiden. Denn wenn der Löffel nicht auf die Ablage tropft, die Ketchup-Flasche im Kühlschrank nicht ausläuft und der Rasierer nicht in der Duschablage rostet, dann muss der Wischlappen entsprechend seltener geschwungen werden. Mehr Zeit für die schönen Dinge im Leben!

20

HÄNGEPARTIE

Wohin mit den Rasierern in der Dusche, damit sie nicht auf der Ablage rosten? Eine kleine praktische Aufhängung ist fix aus der alten Duschgel-Flasche ausgeschnitten und sorgt dafür, dass die empfindlichen Klingen nirgends aufliegen.

Wichtig: Unbedingt kleine Löcher in den Flaschenboden stanzen, damit das Wasser ablaufen kann!

Das beliebte Lappen-auf-Wasserhahn-Legen führt häufig dazu, dass bei älteren Becken durch die Tropfnässe rostige Stellen entstehen. Mit diesem Hack lässt sich das zukünftig vermeiden.

21 MANCHMAL MUSS MAN EIN BISSCHEN VERKLEMMT SEIN

Spüllappen haben die unangenehme Eigenschaft, dort trocknen zu müssen, wo sie im Weg sind. Wäscheklammern im Waschbeckenunterschrank lösen das Problem ganz schnell: Einfach mehrere Holzwäscheklammern in die Tür kleben oder schrauben und dort die feuchten Lappen aufhängen.

Nie vergessen: Vor dem Reinigen des Toasters immer den Stecker ziehen!

22

EINFACH ÜBERPINSELN

Beim Reinigen des Toasters gibt es immer ein paar Krümel, die sich selbst durch Schütteln und Klopfen nicht entfernen lassen. Mit einem Malpinsel scheucht man sie jedoch ganz einfach aus ihrem Versteck!

23

Tschüss Rock, hallo Chipstüte!

Wie praktisch Kleiderbügel in der Küche sein können! Von alten Klemmbügeln die Klemmen entfernen und als Tütenverschluss für Chips und Co. verwenden.

Augen auf: Oft werden vor Geschäften ausrangierte Kleiderbügel zum kostenlosen Mitnehmen ausgelegt.

24

Tropfsicher

Legst du den Kochlöffel beim Kochen immer auf die Ablage und musst danach alles sauber wischen? Wenn du den Löffel hingegen in den Griff des Topfes oder der Pfanne klemmst, tropft er nicht nur direkt wieder in den Topf, sondern liegt auch nicht im Weg herum.

Der Trick funktioniert bei allen Töpfen und Pfannen, die ein Loch im Griff haben!

MIX AND MATSCH

25

Keine Zeit, den Standmixer auseinanderzunehmen und fein säuberlich zu reinigen? Die schnelle Version: Einfach Spülmittel und Wasser in den Behälter geben und auf niedriger Stufe ein bis zwei Minuten laufen lassen. Dann alles ausleeren und abtrocknen.

Verkrustete Töpfe können ähnlich gereinigt werden: Wasser mit Backpulver in den Topf füllen, aufkochen lassen und abspülen.

26

KEINE RUTSCH-PARTIE IM KÜHLSCHRANK

Um den Platz im Kühlschrank optimal zu nutzen, sollte man Flaschen in mehreren Lagen stapeln. Damit die Konstruktion nicht ins Rutschen gerät, helfen Briefklemmen mit großen Drahtbügeln, an die die Flaschen angelehnt werden können.

Die Klemmen gibt es in unterschiedlichen Größen und eignen sich auch prima, um offene Verpackungen fest zu verschließen.

27

Mit gehangen, mit gefangen

Die einen rutschen, die anderen kippen – Tüten sind keine leicht zu lagernden Gegenstände im Kühlschrank. Entweder fallen sie um und entleeren sich im schlimmsten Fall oder sie nehmen überproportional viel Platz ein. Werden sie jedoch mit Briefklemmen an den Kühlschrank-Verstrebungen festgemacht, kann beides nicht mehr passieren.

Auch andere Lebensmittel, wie Aufschnittpackungen können auf diese Art vertikal fixiert werden.

Schwamm drüber 28

Wie im Sommer der Inhalt der Butterbrotdose frisch bleibt, ohne dass ein schwerer Kühlakku mitgenommen werden muss? Einen flachen Schwamm nass machen und in den Tiefkühler legen. Über Nacht einfrieren lassen und am nächsten Morgen in einem Plastikbeutel mit in die Box packen.

Gleich ein paar mehr Schwämme anschaffen, denn Kinder lieben sie!

Statt einer Kosmetik-Pappschachtel können auch Kunststoffboxen von Erfrischungs- oder Babytüchern genommen werden.

29 Living in a Box

So sehr wir uns über das viele Plastik ärgern, in das unsere Lebensmittel verpackt werden, so sehr macht es Sinn, diese Umweltsünden wenigstens mehrfach zu verwenden. Also wandern die dünnen Gemüsetüten aus dem Supermarkt in eine leere Kosmetikschachtel, die nun zu einem praktischen Spender wird.

Wer die Optik nicht mag, stellt den Eierkarton in eine kleine Schachtel.

Tropfschutz 30

Saucen und Tuben laufen gerne mal im Kühlschrank aus und verursachen einen unangenehmen klebrigen Belag. Schön sauber bleiben die Fächer mit Eierkartons, in die die Flaschen sogar auf den Kopf gestellt werden können, denn der stabile Karton bietet Halt gegen Umfallen.

Räum! Mich! Aus!

„Ich wusste gar nicht, dass die Spülmaschine schon fertig ist!" Diesen Satz kann man zukünftig aus seinem Entschuldigungs-Repertoire streichen, da ab jetzt klar ist, wann das Geschirr wieder ausgeräumt werden kann. Zwei Zettel schreiben, gegeneinander legen, laminieren und mit einem starken Magneten oder einem Bindfaden an der Spülmaschine befestigen.

Auch im Büro eine sinnvolle Idee!

32 DIE EINFACHSTE KÜCHENERWEITERUNG DER WELT!

Nicht genug Platz zum Schnibbeln? Küchenschublade aufziehen, Brett drauf, fertig!

Aber Achtung: Die Konstruktion sollte nicht mit schweren Sachen belastet werden!

Wischt man die Dichtungen regelmäßig mit Essigwasser ab, verhindert man, dass sich in den Ecken und Falten Schimmel bildet.

33

FÜR SPRÖDE KÜHL-SCHRANKLIPPEN

Mit der Zeit werden die Gummidichtungen an Kühlschränken und -truhen oft spröde und rissig – wie unsere Lippen! Und was uns guttut, hält auch Gummi geschmeidig: Mit einem Lippenpflegestift einfach die Dichtungen an den Türen einreiben.

Klebezettel auf Lebensmitteln mit ihrem Verwendungszweck – z. B. „Himbeeren für Omas Torte" – vermeiden kulinarische Missverständnisse!

KLARE ANSAGE 34

Die Zeiten von zehn aufgerissenen Lebensmittelpackungen im Kühlschrank, in denen die Hälfte dann verdirbt, sind gezählt – und zwar mit einer klar beschrifteten Kiste, die allen Kühlschranknutzern signalisiert, was zuerst gegessen werden soll. Einfach ein Plastikkörbchen mit entsprechendem Schild versehen, fertig.

35 Gerade gestanden!

Warum das Gemüse im Kühlschrank eigentlich immer legen? Stehend aufbewahrt nutzt man so nicht nur besser die Höhe aus, die Lebensmittel bekommen auf diese Weise auch weniger Druckstellen und halten länger.

Für einen guten Stand am besten die breite Stelle nach unten!

Meins oder deins? 36

Jedes Mal ein frisches Glas aus dem Schrank holen, weil man nicht mehr mit Sicherheit sagen kann, welches das eigene ist? Mit einer Markierung fällt unnötiges Gläserspülen weg! Wäscheklammern beschriften oder mit Washi Tape bekleben, ans Glas klemmen, und jedes Familienmitglied findet seines wieder.

Besonders in der Erkältungszeit sinnvoll!

In deinem Kochbuch kann man die letzten Gerichte anhand der Spritzer erkennen? Dann solltest du es zukünftig außerhalb der Reichweite von blubbernden Töpfen und schmierigen Arbeitsflächen platzieren. Ein alter Hosenbügel hält das Kochbuch perfekt auf Abstand, und du kannst das Rezept bequem auf Augenhöhe lesen.

Picobello Kochbuchhalter 37

Hosenbügel sind Multitalente in der Küche und halten auch Gewürze, die getrocknet werden sollen.

STOLPER-SICHER 38

Mit ein paar montierten Holzfüßen eignet sich das Tablett auch für ein gemütliches Frühstück im Bett.

Rutschende Kaffeetassen und kippelnde Gläser? Mit dem Stiegentablett kann das nicht mehr passieren! Dafür brauchst du nur eine ausrangierte Obstkiste, die du mit doppelseitigem Klebeband und Geschenkpapier oder einer Serviette verzierst. So erhältst du im Handumdrehen ein sicheres und hübsches Transportmittel – auch für kleine Kinder.

Bei der Auswahl des Hakens auf eine ausreichende Größe achten!

Haken dran!

39

Meist schlängeln sich die Kabel von Küchenmaschinen, Mixer und Co. nach dem Gebrauch nutzlos über die Küchenablage. Mit einem Haken lassen sie sich jedoch unkompliziert aufwickeln. So einfach lässt sich Kabelsalat vermeiden.

Wichtig: Optische Ruhe und Ordnung entstehen nur durch gleichartige Gefäße!

40

GLASKLARE SACHE

Eine qualitativ hochwertige Gewürzaufbewahrung aus Glas muss nicht teuer sein – einfach einheitliche Trinkflaschen gut säubern, abtrocknen und mit Gewürzen, Nüssen oder Reis füllen. Falls der Inhalt nicht eindeutig ist: Beschriften nicht vergessen!

Wer es stabiler mag, kann die Bücher vorher miteinander verkleben.

41 Mord ist ihr Hobby

Wer seine Messer stilecht und sicher aufbewahren möchte, steckt sie in den literarischen Messerblock. Einfach mehrere dicke Bücher mit einem Bindfaden oder einem starken Gummiband zusammenbinden und Messer reinstecken. Funktioniert auch ohne Krimi.

42 Zahnbürsten-Parkplatz

Kein Zahnputzbecher zur Hand? Damit die Zahnbürste nicht auf unhygienischen Ablagen trocknen muss (wie zum Beispiel auf Reisen), ist eine Wäscheklammer die perfekte Lösung für eine saubere Aufbewahrung. Auch praktisch für Zuhause, wenn der Zahnbürstenbecher eine Runde in der Spülmaschine dreht.

13

Pinsel-Zen

Kosmetikpinsel in einem Glas aufzubewahren, hat den Vorteil, dass sie immer griffbereit sind. Und ist das Glas mit Steinen befüllt, halten die Pinsel Abstand untereinander. Das ist nicht nur praktischer, sondern auch hygienischer!

Je kleiner die Steinchen, desto leichter lassen sich die Pinsel dazwischen stecken. Auch Sand funktioniert prima!

Papier ist geduldig 44

Wer sagt, dass in einem Stehsammler nur Dokumente gelagert werden? Diese Version nimmt auch die gewickelte Variante auf. Sie sieht ordentlich aus und in der Nähe der Toilette aufgestellt sorgt sie dafür, dass der Papiernachschub gesichert ist.

Ansonsten gilt auf dem WC natürlich trotzdem: Bitte nicht stehen!

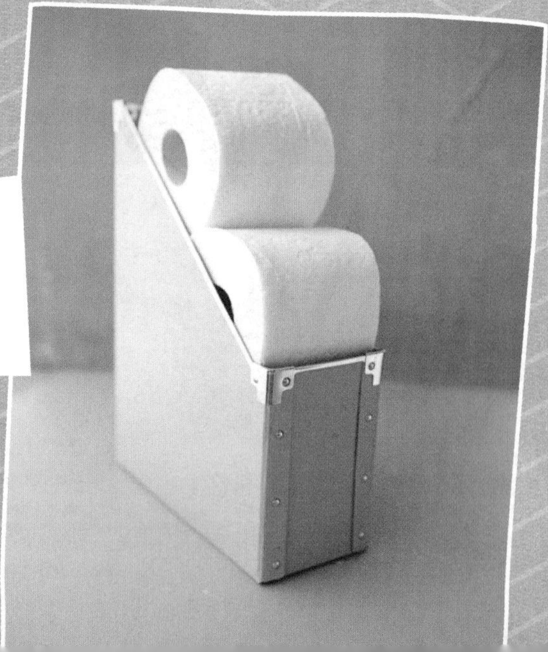

45

MAG(NET)ISCHE HELFER

In jedem Bad gibt es Kleinkram, der immer durch die Gegend fliegt. Mit Magneten kann man ihn einfangen: Die praktischen Helfer einfach an den Schrank kleben, und Pinzetten, Scheren und Haarklammern sind bis zu ihrem nächsten Einsatz gut verstaut. So bleiben die Ablagen schön ordentlich.

Die Magnete können auch prima in Schubladen oder Türinnenseiten geklebt werden.

Bei Spritztieren einfach eine große Öffnung offen lassen, die man leicht reinigen kann.

SCHIMMEL ADE

46

Sie sind zwar nur mini, aber die kleinen Löcher in Badetieren sind ein bequemer Eingang für Schimmel und Schmutz – und den wollen wir nicht mit in die Badewanne nehmen! Dichtet man die Löcher mit Heißkleber ab, muss man die Badefreunde nicht mehr so schnell entsorgen.

Keine Soap Opera mehr

47

Kinder lieben Seifenspiele! Damit aber nicht jedes Händewaschen den halben Spender leert, wickelt man ein Haargummi um den Pumpspender. So kann er nicht mehr zu weit heruntergedrückt werden und weniger Seife kommt heraus.

Das funktioniert übrigens bei allen Pumpflaschen – ob Creme oder Spülmittel, welche man ebenso gerne überdosiert.

48

UNTER DIE HAUBE GEBRACHT

Diesen Trick kann man auch bei Wasserhähnen anwenden – statt einer Tüte nimmt man hier (falls zur Hand) ein schmaleres Kondom.

Die Duschhaube bekommt heute nicht unser Kopf verpasst, sondern der Duschkopf, der entkalkt werden soll. Eine Plastiktüte mit Essigessenz füllen, über die Brause stülpen und mit einem Gummiband fixieren. Nun ca. eine Stunde einwirken lassen und dann mit Wasser abspülen.

Rostringe in der Dusche oder auf der Ablage? Wer schon mal eine Duschgel- oder Rasierschaumdose länger als einen Monat in der Dusche hat stehen lassen, kennt diese nur schwer zu entfernenden Flecken. Um sie zu vermeiden, können die Dosen an der Unterseite mit Nagellack eingepinselt werden. Kurz trocknen lassen, und nichts rostet.

49

Der Rust-Belt – nicht in meinem Bad!

Wer auf Optik Wert legt, nimmt farblosen Lack.

Heiß lässt uns kalt

50

Jeder, der ein Glätteisen besitzt, weiß, dass die meisten Geräte ziemlich heiß werden können. Normalerweise bleiben sie dann unordentlich auf der Ablage liegen, bis sie vollständig ausgekühlt sind. Mit der Dosenkonstruktion kühlt es zukünftig nicht nur schneller aus, es ist auch gleich ordentlich verstaut.

Auch Bürsten finden in der Aluminium-Ablage ihren Platz.

Notizen …

Wusstest du, dass in Deutschland beim Frühjahrsputz die Küchen- und Badreinigung auf Platz 3 steht? Davor kommt nur noch das Fensterputzen, gefolgt vom Wischen der Böden. Da kann man die vielen praktischen Hacks für Küche und Bad gut gebrauchen, denn mit ihnen geht die große Putzaktion schneller und mit wenig Aufwand vonstatten! Wenn sich kein Kleinkram mehr sammelt und der Kühlschrank perfekt organisiert ist, dann genügt oft ein rasches Durchwischen, und die eigenen vier Wände sind sauber.

Spiel- & Kinderzimmer

51 Bälle fangen

Bälle lassen sich allein durch ihre Form nicht gut aufräumen. Die Lösung: Mehrere Spanngurte mit Haken entweder direkt in der Decke oder einer Deckenplatte und einer kleinen Platte darunter verankern – ein elastischer Ballkäfig entsteht! Diese Konstruktion aber nicht in Zimmern von kleinen Kindern verwenden, da die Gurte unter Spannung stehen!

In Kinderzimmern geht es immer trubeliger zu als in anderen Räumen! Das ist auch ganz prima, da sich unsere Kinder beim Spielen entfalten sollen. Trotzdem muss auch hier ein gewisses Maß an Ordnung gehalten werden. Dabei ganz wichtig: Für Kinder muss das Aufräumen schnell und vor allem einfach von der Hand gehen! Keine komplizierten Schranksysteme oder Schachteln sind hier das Mittel der Wahl, sondern Aufräumsysteme, die leicht zugänglich sind und im besten Fall auch noch Spaß machen. Und je eindeutiger der Aufbewahrungsort für Spielzeug markiert ist, desto größer ist die Chance, dass das Rutschauto eingeparkt wird oder das Puzzle in seine Box zurückfindet.

52

PUZZELIGE ANGELEGENHEIT

Puzzle-Verpackungen haben die unangenehme Eigenschaft, sperrig, unhandlich und schwer transportabel zu sein. Der Pappkarton reißt schnell an den Ecken ein und wird unansehnlich. Viel platzsparender und auch transportfreundlicher lassen sich Puzzle in Kunststoff-Dosen aufheben, auf deren Deckel das zu puzzelnde Bild geklebt wird.

Auch Gesellschaftsspiele können so teilweise (wenn keine große Spielunterlage verstaut werden muss) aufbewahrt werden.

So wird das Aufräumen zu einem echten Vergnügen für alle Rennfahrer – versprochen!

53 MAGNETO WÄRE NEIDISCH!

Wer schon einmal auf ein Spielzeugauto getreten ist, der kennt den Schmerz am Fuß und den Frust über das zerstörte Spielzeug beim Nachwuchs. Die Lösung: eine Magnetleiste! Denn was Notizzettel zusammenhält, ist auch eine tolle Möglichkeit, um Rennwagen und kleine Traktoren ordentlich an der Wand unterzubringen. Dabei auf die Magnetleistung der Schiene achten, damit auch größere Autos nicht herunterfallen.

54 SPIELZEUG-WASCHANLAGE

Die großen Legosteine sind verklebt und an den Sandförmchen erkennt man die Farbe nicht mehr? Dann ist es Zeit für eine Runde in der Waschanlage, sprich Spülmaschine! Kleine Teile in ein Wäschenetz packen, und die Maschine normal starten.

Schneller geht es kaum!

55

No more tears

Jeden Morgen das gleiche Drama: „Was zieh ich an, Mama?“ Damit es zukünftig keine Diskussionen mehr gibt, einfach ein zusammengestelltes Outfit abfotografieren und dem Kind das Bild morgens zeigen. So kann es ganz alleine alles zusammensuchen und sich eigenständig anziehen.

Wird das Foto ausgedruckt und laminiert, dann hält es eine ganze Weile ohne Knicke durch!

56 MONTAGS LIEBE ICH KLEIDER!

Die Strumpfhose fehlt, das Unterhemd ist zu klein, der Pulli ist plötzlich in der Wäsche – das morgendliche Zusammensuchen der Kleidung ist oft nervenaufreibend für alle. Mit sieben großen Boxen wird es um einiges stressfreier: Jeder Karton wird mit einem Wochentag beschriftet, sonntags wird die Garderobe für die gesamte Woche rausgesucht und nach Tagen verpackt.

Bei ganz kleinen Kindern morgens nur die jeweilige Dose herausholen, damit nicht doch wieder alles wild auseinandergerissen wird.

Je größer die Kuscheltiere, desto gemütlicher der Sitzsack!

57

TEDDY-SITZSACK

Wohin mit all den flauschigen Freunden und kuscheligen Mitbewohnern? Oft fliegen sie ab einem gewissen Alter nur noch wild im Kinderzimmer herum – doch weggeben mag der Nachwuchs sie dann auch nicht. In einen Kissenbezug gesteckt, werden Teddy und Konsorten zu einem kuscheligen Kissen oder einer gemütlichen Sitzgelegenheit. Und im Zimmer herrscht wieder Ordnung!

58

Farbberatung

Wohin mit der Farbe, wenn die Kinder kreativ werden wollen? Ausrangierte Eierkartons eigenen sich hervorragend zum Mischen von Farben und Ausdrücken von Tuben. Schneidet man in die Erhöhungen des Kartons Löcher, hat man zusätzlich einen sicheren Stand für die tropfenden Pinsel.

Vorsicht bei sehr flüssigen Farben:
Wenn die Farbe zu stark mit Wasser verdünnt wird, kann sie den Karton aufweichen.

59

To Do or not To Do?

Im Haushalt mithelfen? Das ist keine Frage! Aber wer macht was?! Einfach eine Liste mit den wichtigsten To-dos an den Kühlschrank hängen, Magnete mit Namen versehen, indem man ein kleines Etikett aufklebt, und auf die Aufgabe setzen.

Wurde die Aufgabe erledigt, wird der entsprechende Magnet auf die rechte Seite geschoben.

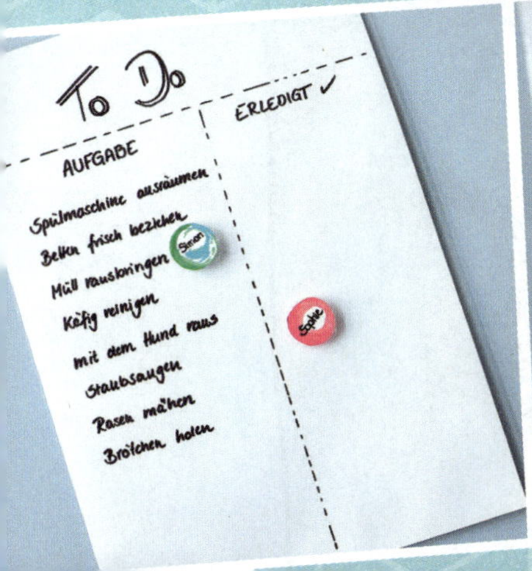

60

Head of Communication

Diese kleinen Freunde helfen, das Kabelchaos von Telefonladegeräten und Computeranschlüssen in den Griff zu bekommen – im wahrsten Sinne des Wortes.

Für diese Aufgabe sind alle Figuren geeignet, die eine kleine Griffmulde in der Hand haben.

In die Röhre geschaut …

… und Spielzeug entdeckt! Papp- oder Kunststoffröhren sind die perfekte Parkgarage für Spielzeugautos. Mit einer Heißklebepistole die Röhren zusammenkleben – und voilà, hier kommt das einfachste Ordnungssystem für das Kinderzimmer. Natürlich auch als Höhlen für Kuscheltiere oder als Heimat für Bastelmaterialien geeignet.

61

Gemeinsam mit dem Kind bemalt, ist die Parkgarage auch noch ein schönes DIY-Projekt.

WRITING'S ON THE WALL 62

Der Nachwuchs hat mit dem Filzstift nicht nur das Blatt Papier, sondern auch die Tischdecke getroffen? Da hilft Haarspray! Den Fleck großflächig mit dem Spray besprühen, ein bis zwei Stunden einwirken lassen und anschließend mit warmem Wasser abwaschen. Sollte der Fleck nicht komplett verschwunden sein, kann Milch helfen – sie ist auch ein toller Fleckenlöser.

Milch auf ein Tuch geben, den Fleck damit einreiben (aber nicht zu fest drücken) und anschließend das Ganze in der Waschmaschine waschen.

Parkplatzsuche

63

Roller und Rutschautos stehen nicht mehr wild in der Gegend herum, wenn es genau definierte Parkplätze für sie gibt. Dafür einfach mit robustem Klebeband die entsprechenden Stellplätze markieren. Das Tolle: Der Nachwuchs wird es lieben, sein Fuhrwerk einzuparken, und von ganz alleine aufräumen!

Wer viel Platz hat, kann mit dem Klebeband auch andere Aufräumorte markieren, zum Beispiel einen Kreis für Sandeimer, einen Stellplatz für die Schubkarre oder Kreuze für die Gummistiefel.

Nicht nur für das Kinderzimmer praktisch: Auf diese Weise lassen sich auch andere Anleitungen oder Bedienungshilfen ordentlich aufbewahren.

64 Rettet das Universum!

Das große Lego-Raumschiff liegt zerlegt in einer Box und der Sternenzerstörer in Einzelteilen auf dem Kinderzimmerboden. Schlechte Zeiten für die Galaxie. Damit sie aber auch zukünftig gerettet werden kann, ist es sinnvoll, alle Bauanleitungen in einem Ordner abzuheften. Man hat so alles griffbereit und muss nicht stundenlang in diversen Schachteln suchen.

Eine Baustelle für kleine Baumeister

65

Lego- oder Duploplatten und -figuren fliegen immer wild in der Gegend herum? Dann ist es Zeit für eine „Baustation“, die den kleinen Baumeistern einen festen Arbeitsplatz bietet. Dafür werden die Platten auf einen Tisch geklebt und die Bausteine in großen Boxen darunter verstaut.

Das ist übrigens eine praktische Lösung für alle, die eine Spielecke in einem öffentlichen Wartebereich einrichten möchten.

Schüttle dein Haar, Baby!

Auch Stofftiere werden prima mit Shampoo wieder flauschig.

66

Puppenhaare

Irgendwann bekommen alle Puppen einen wunderbaren „Vogelnestlook“ auf ihrem Kopf und verfilzte Haare. Ganz leicht wird die Mähne wieder ordentlich, wenn sie mit Wasser und Weichspüler in einer Sprühflasche eingesprüht wird. Ganz kurz einwirken lassen und dann vorsichtig auskämmen.

Notizen ...

Oft regen wir uns als Erwachsene über die mangelnde Ordnungsliebe unseres Nachwuchses auf. Aber wir vergessen dabei oft, dass unser Blick auf die Welt und unser gewünschtes Umfeld ein anderer ist als der von Kindern. Mit einfachen Hilfestellungen wie den vorsortierten Kinderkleidungsboxen (Seite 72) oder den mit Klebeband markierten Parkplätzen (Seite 79) geben wir ihnen praktische Tools, mit denen sie ganz spielerisch Ordnung halten. Die Erfahrung zeigt, dass solche genauen Vorgaben für das tägliche Leben gerne vom Nachwuchs angenommen werden. Und wer weiß, ob sich in der Montagskiste nicht eine Überraschung verbirgt?!

Wohnen & Arbeiten

67 Auf Nummer sicher

Sicherungskästen können vor allem im Notfall ziemlich verwirrend sein. Mit einer Farbkodierung behält man jedoch den Überblick: Jeder Sicherungsschalter erhält einen Farbpunkt. Nun schreibt man auf eine Liste untereinander alle Räume und alle großen Elektrogeräte (Waschmaschine, Herd etc.), die man vom Strom nehmen kann. Neben die einzelnen Listenpunkte wird die Farbe gemalt, die der passenden Sicherung zugeordnet wurde.

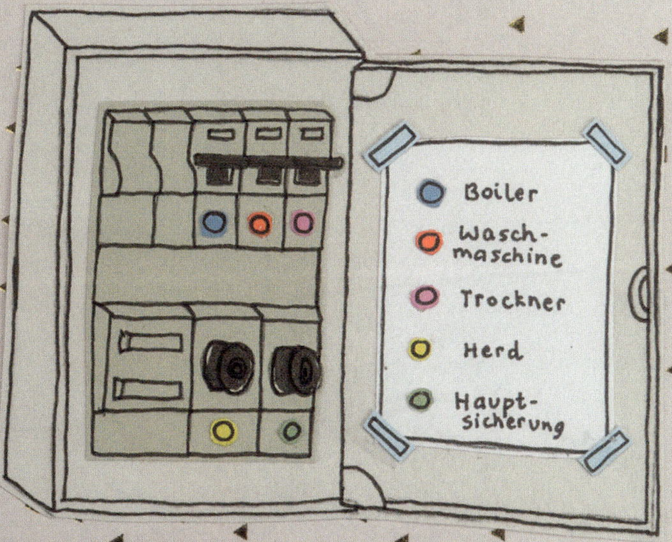
Boiler
Wasch-
maschine
Trockner
Herd
Haupt-
sicherung

ZWIEBELN 500G
MOEHREN 750G
2 x

TV
Telefon
Handy

Wenn sich im Wohnzimmer die Steuerunterlagen sammeln, das Handyladekabel nicht mehr auffindbar ist und der Hund sich mit der Fernbedienung auf und davon gemacht hat, dann ist es an der Zeit, mal wieder ein bisschen Ordnung ins (Home-)Office und den Rest des Hauses zu bringen. Bei den meisten Dingen in unserem Zuhause wissen wir, wo wir sie verstauen: Klamotten kommen in den Kleiderschrank, hübsche Schüsselchen in die Küche, Duschgel und Shampoo ins Badezimmer. Aber wohin mit der Parkquittung oder dem Ladekabel für den Fotoapparat? Gehört das Geschenkpapier in die Küche, ins Büro oder in die Vorratskammer? Im folgenden Kapitel beschäftigen wir uns mit all diesen Dingen, damit die nächste Steuererklärung ohne Quittungssuch-Drama durchgeführt werden kann und das Verkabeln von Drucker, Repeater und Co. seinen Schrecken verliert.

68

Wenn Rücken entzücken

Achtung: Immer schön in der richtigen Reihenfolge bleiben, damit es nicht chaotisch wird.

Das Büro sieht gleich viel ruhiger und ordentlicher aus, wenn Ordner einheitlich gestaltet sind. Noch mehr Freude bereiten sie mit einem großflächigen Bild: Einfach ein Poster auf Ordnerrücken-Größe zuschneiden und aufkleben.

69

Aus den Augen, aber nicht aus dem Sinn!

Die perfekte Sammelstation für leere Batterien? Eine Kaffeedose! Säubere eine ausrangierte Kaffeedose, und verziere sie nach Belieben. Anschließend in den Kunststoffdeckel ein ausreichend großes Loch schneiden, sodass auch große Energielieferanten hinein passen.

Am besten an einen Ort stellen, wo die Sammelstation nicht übersehen werden kann.

70

EINE EINKAUFSLISTE, DIE NICHT AUS DEM RAHMEN FÄLLT

Jeder Bilderrahmen aus Glas lässt sich ganz einfach mit einem nicht-permanenten Marker beschriften und als Einkaufsliste nutzen. Perfekt, um schnell ein paar Dinge für den nächsten Einkauf zu notieren. Du kannst einen schönen Hintergrund speziell für deine Listen wählen oder du schreibst einfach über ein vorhandenes Bild. In jedem Fall sollte die Liste aber gut zu lesen sein.

So weiß jedes Familienmitglied, was beim Einkaufen mitgebracht werden muss.

Perfektionisten falten sich ihre Einsätze selbst.

71

WILLKOMMENES SCHUBLADENDENKEN

Chaos in der Schublade? Kleine Kästchen können ganz einfach zu sinnvollen Ordnungshelfern werden. Gesammelte Pappkartons auf eine Höhe zuschneiden und passend in die Schublade stellen.

The winner takes it all 72

Den Kampf mit eingeschweißten Produkten hat schon manch einer frustriert aufgegeben. Mit einem simplen Dosenöffner lassen sich jedoch alle widerspenstigen Verpackungsgegner bezwingen!

Der Dosenöffner wird ganz normal wie bei einer Dose angesetzt.

Den Rest der Bilder dann unbemerkt entsorgen.

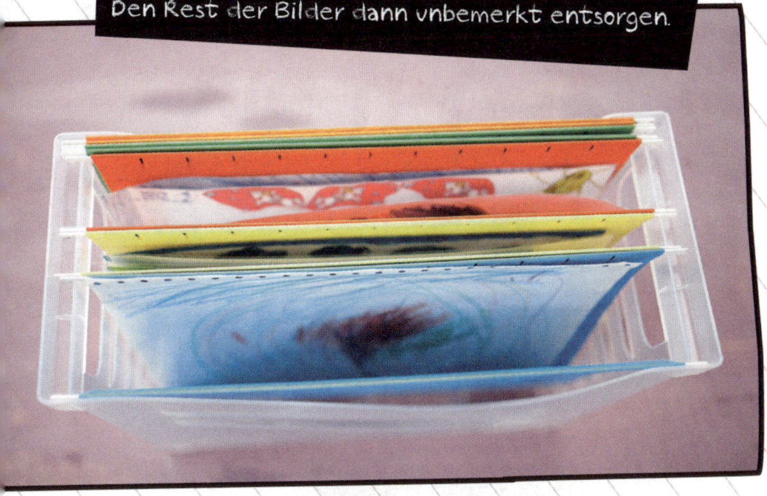

73

Gegen die Bilderflut schwimmen

Wie viele Kinderbilder lagern zu Hause? Hunderte? Wohin damit? Und was tun, wenn man mehrere Kinder hat? Fragen über Fragen, auf die es nur eine Antwort gibt. Hängeregister, denn sie sind die perfekten Archivierungshelfer. Für jedes Kind wird eine Mappe angelegt, in die die besten Kunstwerke unkompliziert reingelegt werden.

DIE FERNSEHMACHT SEI MIT DIR

74

Jetzt zählt nur noch, wer am schnellsten beim Klettband ist ...

Wer die Fernbedienung als Erstes findet, hat die Macht! Schlaue Fernsehkrieger befestigen sie mit Klettband direkt ans Sofa, den Sessel oder am Fernseher. So gibt es kein Suchen und keine Dramen mehr.

Bänderchaos bekommt man in den Griff, indem man einen Karton an der Front mit Löchern versieht, die losen Enden der Bandrollen hindurchzieht und hinaushängen lässt. Wer jetzt am Bändchen zieht, verursacht kein Gewirr mehr.

Da haben wir den Bändersalat

75

Die Bänderrollen in der Kiste ordentlich nebeneinander aufstellen, damit sie sich nicht verhaken.

76 SICH ORDENTLICH HÄNGEN LASSEN

Kleiderbügel halten nicht nur Klamotten ordentlich am Haken, sondern beseitigen auch das Zeitschriften-Chaos. Das Heft möglichst in der Mitte aufschlagen und über die Stange hängen.

So sieht man im Gegensatz zu einem Zeitschriftenstapel, was man noch lesen möchte!

This is the end, my friend!

77

Als Endmarkierung für Klebebandrollen eignen sich hervorragend Büroklammern. Aber auch alle anderen kleinen Gegenstände wie Streichhölzer oder Sicherheitsnadeln bieten sich dafür an. Hat man nichts zur Hand, dann einfach den Rollenanfang umknicken und einkleben.

Wer benötigt mit diesem Trick noch lange Fingernägel, um das Ende der Kleberolle abzuknibbeln?!

78 Da hast du die Quittung!

Wohin mit den vielen Quittungen vom Tanken und Einkaufen? Fix in eine leere Kosmetikbox gesteckt, warten sie dort geduldig auf die nächste Steuererklärung. Und wenn man die Schachtel im Auto platziert, können direkt alle Park- und Tankquittungen reingesteckt und so auch noch vor dem Ausbleichen bewahrt werden.

Was du sonst noch mit einer Kosmetikbox machen kannst, erfährst du auf Seite 41.

Private Vernissage

79

Kinderbilder, schöne Zeitungsausschnitte oder Grußkarten lassen sich prima mit Hosenbügeln aufhängen und so ganz schnell wieder auswechseln.

Die Bügel halten an einem gespannten Seil, aber auch an kleinen Haken. An Nägeln lassen sie sich aufgrund ihrer Dicke weniger gut aufhängen.

Upcycling ist nicht nur umweltfreundlich, sondern gerade ein großer Trend!

Klopapierrolle, die Fünfte

80

Inzwischen sollte jedem klar sein: Klopapierrollen sind als Aufräum-Tool super! Und wer schon immer mal seine vielen Ladekabel zähmen wollte, der wird sie auch dafür ganz schnell lieben! Egal, ob zu Hause oder im Büro.

Wer es ganz genau machen möchte, der kann die Kabel vorher noch mit Masking Tape beschriften.

81

SCHNELLER UMZIEHEN

Wer öfters umgezogen ist, der weiß, dass es die Kleinigkeiten sind, die einen ewig aufhalten können – und darunter fällt definitiv das Anschließen von Elektrogeräten. Macht man vor dem Abbau jedoch Fotos von der Rückseite der Geräte, dann sind Fernseher, Computer, Router und Co. schnell wieder einsatzbereit.

Achtung: Brot ist nur eine erste Hilfe! Später bitte noch mal mit dem Staubsauger über die Stelle gehen.

82

Brot in der Not

Brot kommt heute mal nicht direkt in den Magen, sondern darf eine ganz andere Not lindern: die von zerbrochenem Glas. Möchte man kleine Glassplitter aufsammeln, dann ist weiches Brot die Lösung! Die Scheibe über die Scherben drücken und so vorsichtig aufnehmen.

83

Schlüsselqualifikation

Vor allem neue Systemschlüssel sehen alle gleich aus. Damit man aber nicht jedes Mal vor der Haustüre alle Schlüssel durchprobieren muss, kann man sie ganz leicht mit buntem Nagellack markieren. Jetzt sollte man sich nur noch merken, welche Farbe zu welcher Tür gehört.

Wer es gerne weniger bunt mag, der macht nur einen kleinen Punkt auf den Schlüssel.

84

AUS DEN SOCKEN HAUEN …

… wird es jeden, der diesen Putztrick ausprobiert. Denn ein idealer Putzlappenersatz sind Mikrofasersocken, die man ganz einfach über den Schrubber ziehen kann. So gibt es kein Verrutschen mehr!

Die Mikrofasersocken eignen sich auch, wenn mal nur Staub gewischt werden muss.

85

Saug-Detektiv

Ob heruntergefallene Ohrringe oder Plastikfigürchen – wer auf der Suche nach diesen verlorengegangenen Kleinteilen nicht stundenlang auf dem Boden herumkriechen möchte, stülpt eine Nylonsocke (oder eine Strumpfhose) über das Saugrohr des Staubsaugers. So wird der kleine Flüchtige schnell gefunden, ohne im Rohr zu verschwinden.

Auf diese Weise kann man auch Spinnen fangen: Ansaugen, Rohr aus dem Fenster halten, Staubsauger ausschalten – und die Spinne ist wieder frei!

ABGE-STAUBT

86

Keine Fusselrolle zur Hand? Dann funktioniert auch Klebeband, das man sich mit der Klebeseite nach oben um die Hand wickelt.

Staubwedel und Mikrofasertücher haben den Nachteil, dass sie den Staub oft nur aufwirbeln oder gar nicht richtig aufnehmen. Mit einer Fusselrolle können empfindliche Materialien sehr effektiv von Staub gereinigt werden.

Ein Glas über das Tierchen stülpen, Papier darunter schieben und heraustragen ist natürlich die nettere Variante. Oder man greift zu Staubsauger und Nylonstrumpf (siehe Seite 105).

Tierisch praktisch 87

Dass man mit einer Fusselrolle tote Mücken aufsammeln kann, ist bestimmt keine neue Idee. Wer jedoch ein Problem mit noch lebenden Krabbeltierchen hat, der kann die Insekteninvasion ebenfalls damit stoppen.

88

Für ordentliche Schluckspechte

Wer sagt, dass Getränkekisten nur zur Aufbewahrung von Flüssigkeiten dienen? Einfach Poster, Einwickel- oder Geschenkpapier aufrollen und in die einzelnen Fächer stellen.

Nicht hübsch genug? Der Kasten kann mit Acrylfarbe angemalt werden.

89

Wir müssen uns trennen!

Hast du dir schon mal den Aufsatz deines Staubsaugers genauer angeschaut? Dort verhaken sich gerne Haare und Fädchen, die sich dann zu einem undurchdringlichen Dickicht entwickeln. Mit einem herkömmlichen Nahttrenner lässt sich das Gewirr ganz einfach auftrennen und lösen.

Nahttrenner gibt es übrigens in jedem Kaufhaus in der Stoffabteilung.

JUST EAT IT

90

Statt Becher kann man natürlich auch Marmeladengläser wählen.

Eine stabile Aufbewahrung für einzelne Kabel gesucht? Dann ran an den Joghurt! Joghurtbecher gibt es in den unterschiedlichsten Größen und können so ganz individuell an die Schublade und/ oder die Kabellänge angepasst werden.

„Nimm das Kinderspielzeug bitte mit nach oben!" oder „Der Fahrradhelm gehört in den Keller!" Wer es leid ist, diese Sätze ständig zu wiederholen, der sollte zu der Korblösung greifen. Mit beschrifteten Körben – einer für den Weg nach oben, der andere für den Weg nach unten – weiß jeder, wohin was getragen werden muss. Einfach über den Tag befüllen und abends dann an den gewünschten Ort bringen, um den Inhalt zu verteilen.

Beam me up!

91

So lernen auch schon kleine Kinder, wie unkompliziert Ordnung sein kann!

Auch Ladekabel mögen Beschriftungen – besonders wenn der Name des Besitzers darauf vermerkt wird und man sie so leichter auseinanderhalten kann.

92

VORSPRUNG FÜR TECHNIK

Welches Kabel gehört wohin? Welcher Anschluss kommt wo dran? Damit man zukünftig genau weiß, was angeschlossen wurde, helfen kleine Markierungen mit Washi Tape dabei, Ordnung in den Kabelsalat zu bringen. So zieht man nicht aus Versehen den falschen Stecker und legt damit das Internet lahm.

93

GLITSCHIGE ANGELEGENHEIT

Mit Oliven-, Baby- oder Sattelöl kannst du kleinere Beschädigungen in Leder ganz leicht reparieren. Einfach das Öl mit Watte in kreisenden Bewegungen auf das Leder reiben. Das Öl für eine Stunde trocknen lassen und anschließend mit einem sauberen Lappen abwischen.

94

Minimalistisch Einkaufen

Wenn man sich nicht sicher ist, ob man etwas tatsächlich kaufen soll, dann gibt es einen einfachen Trick: Nimm den Gegenstand in die eine Hand und das dafür benötigte Geld in die andere. So wirst du ganz schnell die Priorität finden.

Die „Hand-Methode" hilft auch bei anderen Entscheidungen, beispielsweise, wenn man etwas entsorgen möchte: Zwei Gegenstände, die vergleichbar sind, rechts und links in der Hand halten und abwägen, welcher weggegeben werden soll.

Eine wirklich schnelle Möglichkeit, um das Smartphone an der Ladesteckdose zu halten: Ein Stück festes Papier oder Pappe in der Mitte falten, ein Loch für den Stecker auf beiden Seiten reinschneiden und aufhängen.

SMARTPHONE-PARKPLATZ

95

Diese Ladestation ist gerade für einen Aufenthalt im Hotel eine praktische Sache, da dort die Steckdosen oft sehr ungünstig liegen.

Bleib wo du bist!

96

Briefklemmen können sich auch im Kühlschrank nützlich machen. Schau mal auf den Seiten 38 und 39.

Der Laptop wird abgezogen und – flutsch – das Kabel rutscht vom Tisch. Mit praktischen Briefklemmen kann das nicht mehr passieren. Auch um das Kabel sinnvoll hinter den Tisch zu führen, damit es nicht mehr im Weg ist, sind sie tolle Helfer.

Notizen ...

Wenn das Büro im Chaos versinkt, hilft ein einfacher Trick: Ordner mit einheitlichen Rücken bringen Ruhe ins Regal (siehe Seite 80), und unordentliche Papierstapel sowie Zettelsammlungen verschwinden in großzügigen Kartons, die am besten im gleichen Design wie die Ordner gestaltet sind. Auf zu viele unterschiedliche Farben verzichten, da unser Unterbewusstsein ruhige Farben mit Entspannung assoziiert. Und wer noch einen Schritt weitergehen möchte, der räumt seinen Schreibtisch bis auf die allerwichtigsten Dinge leer.

Auto & Unterwegs

97 Gummitwist

Auf der Fahrt fallen im Kofferraum Einkaufstaschen gerne wild durcheinander, und so manches Ei übersteht die Vollbremsung nicht unbeschadet. Ein quer gespanntes Gummiband mit Haken, auf das man die Tüten „fädelt", hält alle Einkäufe an Ort und Stelle. Das Gummi aber nicht zu fest spannen, damit es einem nicht um die Ohren fliegt.

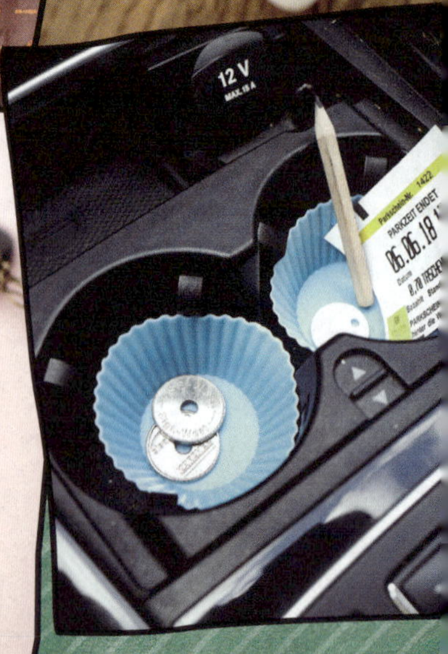
12 V
PARKZEIT ENDET

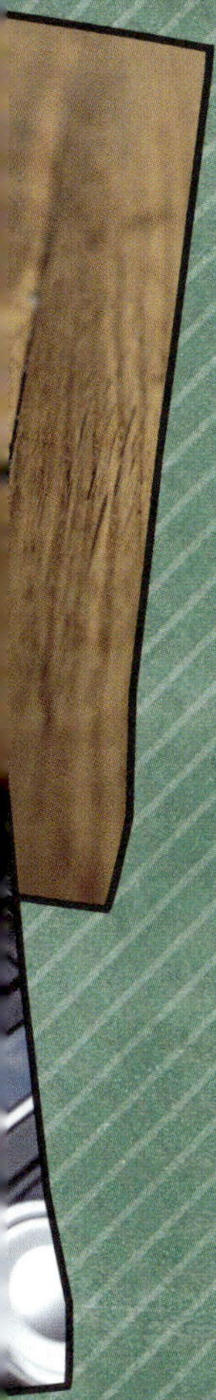

Mein Auto war lange Zeit ein großes Fest für alle, die auf Überraschungen standen: verlorene Ohrringe, Krümelberge und Relikte aus diversen Einkäufen, die aus den Tüten gefallen und unter die Sitze gerutscht waren. Aber seitdem ich ein paar einfache Tricks kenne, ist bei mir nicht nur alles geordnet, sondern auch problemlos zu reinigen. Denn wenn man unterwegs ist, dann möchte man sich auf den Ausflug, den Einkauf oder die Reise konzentrieren, und nicht auf die Ordnung! Im Urlaub stehen schließlich die Freiheit und das Loslassen von täglichen Pflichten im Vordergrund, und damit diese wunderbare Zeit nicht durch Chaos getrübt wird, packe ich gemeinsam mit dir das Auto und den Koffer!

98

DER MUFF DER GROSSEN WEITEN WELT

Vor der Reise ist der Koffer ordentlich und mit nach Waschmittel duftender Kleidung bestückt. Nach der Reise und unzählige verschwitzte Shirts später sieht das anders aus. Damit man zu Hause beim Kofferöffnen nicht erstickt, hilft der Trocknertuch-Trick: Ein bis zwei Tücher mit in das Gepäck legen und alles duftet auch Daheim gut. Keine Trocknertücher zur Hand? Dann besprühe ein Kleidungsstück mit deinem Lieblingsparfum, bevor du es in den Koffer packst.

Duftende Tücher kann man ganz leicht selber machen. Schau mal auf Seite 25.

Einfach mit unterschiedlichen Sorten experimentieren und den Lieblingsduft für das Auto heraussuchen.

99

KLEINE BEUTEL MIT GROSSEM ERFOLG

Teebeutel nehmen im Auto nicht nur Feuchtigkeit auf, sondern sie sorgen auch für einen dezenten und angenehmen Duft.

100

Praktischer Strohhalm

Feine Kettchen mit in den Urlaub zu nehmen, kann manchmal in einem bösen Knoten enden. Steckt man sie aber durch einen Strohhalm und verschließt sie, kann sich nichts mehr verhaken.

Mittlerweile gibt es Strohhalme aus Metall, die nicht nur stabiler, sondern auch umweltfreundlicher sind!

Hier bleibt alles frisch! 101

Nie wieder Gesichtswasser, das sich im Kulturbeutel verteilt, nie wieder Sonnenmilch, die das Badehandtuch aufweicht! Wie das geht? Mit einem Stückchen Frischhaltefolie, das man zwischen die Öffnung und den Verschluss legt.

Sprayflaschen kann man sehr gut mit Klebeband sichern, das man um den Pumpmechanismus klebt.

Ein paar Briefklemmen im Reisegepäck und man kann alle Wäschebeutel, Kekspackungen und Chipstüten sicher verschließen.

SCHARFE SACHE! 102

Auf Reisen schonst du Rasierklingen, indem du eine Briefklemme über sie stülpst. Toller Nebeneffekt: So werden gleichzeitig auch die anderen Kulturtascheninhalte geschützt.

103

Mit Arsen und Duschhäubchen

Duschhauben im Reisegepäck sind der perfekte Schuhschutz! Im Koffer über die Schuhe gestülpt schonen sie die Kleidung und über matschige Sandalen gezogen schützen sie nach einem Strandtag den Autoinnenraum. Und sollte man im Urlaub schnell mal einen Mord aufklären müssen, dann kann man mit zwei Duschhauben auch einen Tatort betreten.

Duschhauben bekommt man in stabiler Qualität im Drogeriemarkt. Die Einmal-Variante findet man in vielen Hotels gratis auf dem Zimmer.

104 Nicht nur für Alpinisten

Karabiner sind die Wunderwaffe beim Transportieren! Im Auto halten sie alles Wichtige an Ort und Stelle: Einkaufstüten, Handtaschen, Sandeimer, Reiseverpflegung ... Aber Achtung: Bei Karabinern gibt es große Qualitätsunterschiede. Nicht alle, die nach Bergsteiger-Qualität aussehen, halten auch größere Gewichte aus – also genau schauen, wofür man sie einsetzen möchte.

Wie du sonst noch deine Einkaufsbeutel im Auto sichern kannst, erfährst du auf Seite 119.

105

Wenn Kleinteile auf Reisen gehen

Der Euro für den Einkaufswagen, die Parkquittung, Wechselgeld, Pfefferminzbonbons – alles landet in den Mulden zwischen den Vordersitzen. Mit kleinen Muffinförmchen in den Vertiefungen sieht das nicht nur netter aus, sondern man bekommt die Becherhalter mit einem Handgriff ruckzuck sauber.

Für die umweltfreundliche Variante wählt man Förmchen aus Silikon, die man leicht auswaschen kann.

DAS IST JA DUFTE!

106

Anders als bei dem gekauften Fertigprodukt weiß man hier ganz genau, was man einatmet.

Das DIY-Duftbäumchen besteht aus zwei einfachen Komponenten: einer Wäscheklammer aus Holz und einem ätherischen Öl nach Wahl. Die Klammer mit dem Öl beträufeln und an die Lüftungslamellen klemmen. Schon duftet es im Auto ganz frisch.

Die Vakuummethode ist selbstverständlich auch für Kleidung geeignet und für Reisen gibt es mittlerweile Varianten mit Handpumpe.

Da bleibt einem die Luft weg! 107

Windeln nehmen auf Reisen unglaublich viel Platz ein! Um das Volumen etwas zu reduzieren, werden die Windeln in Vakuumbeutel gesteckt, denen man mit dem Staubsauger Luft entzieht. So kann man glatt doppelt so viele mitnehmen!

108

In Watte gepackt

Jede Frau kennt das Problem: Der Puder übersteht die Reise nicht unversehrt und zerbröselt in tausend Stückchen. Die Lösung: Ein Wattepad in der Dose. Er verhindert, dass sich Stöße auf die empfindliche Puderoberfläche übertragen.

Wer es stylischer mag: Wäscheklammern einfach mit Washi Tape bekleben.

Let's stay together 109

Kabelsalat in der Handtasche oder im Reisegepäck? Dann sind hier zwei Wäscheklammern die Lösung! Wäscheklammern entgegengesetzt aneinanderkleben, Kabel drum herumwickeln und schon ist das Kabel gebändigt.

KNOPF-ZELLEN

110

Auch Manschettenknöpfe finden so dauerhaft ihr Pendant, wenn sie in der Schublade auf ihren nächsten Einsatz warten.

Damit auf der nächsten Reise Ohrringe nicht getrennt werden und ihren Partner verlieren, befestige sie paarweise auf Knöpfen. Auch für das heimische Schmuckkörbchen zu empfehlen, denn so hat man das Ohrringpaar gleich zusammen.

Du ziehst um? Dann transportierst du deine empfindlichen Porzellanteller am besten, indem du zwischen die Teller einfache Pappteller legst. Das nimmt sehr viel weniger Platz weg, als wenn du sie einzeln umwickeln würdest – und du hast gleich für die Einweihungsparty vorgesorgt.

Scherben bringen nicht immer Glück

111

Pappbecher funktionieren übrigens gut bei großen Gläsern.

Notizen ...

Rollen oder Falten? Kleine Kleiderpäckchen aufrecht in den Koffer stellen oder großzügig alles übereinanderlegen? An der Packmethode scheiden sich die Geister! Dabei richtet sich die Antwort ganz einfach nach dem Gepäckstück. Reist man gerne mit einem Rucksack, dann wird alles gerollt. Bei kleinen Koffern oder Handgepäckstücken stellt man Kleiderpäckchen aufrecht nebeneinander. Und reist man mit einem großen Koffer, dann legt man die Kleiderpäckchen nebeneinander und legt große und schwer zu faltende Kleidungsstücke oben drauf. Alles ganz easy! Denn nicht vergessen: Es geht in den Urlaub, und da sind wir ja ganz entspannt!

Checklisten

Gesund auf der Reise

- ☐ Sonnenschutzmittel
- ☐ Antihistamingel gegen Insektenstiche oder Sonnenbrand
- ☐ Insektenabweisendes Mittel
- ☐ Kaugummi oder Tabletten gegen Reisekrankheit und Erbrechen
- ☐ Schmerz- und Fiebermittel
- ☐ Wunddesinfektion
- ☐ Pflaster und Verbandsmittel
- ☐ Schere
- ☐ Salbe zur Behandlung von Prellungen und Zerrungen
- ☐ Fieberthermometer
- ☐ Pinzette
- ☐ Zeckenzange (je nach Reisegebiet)
- ☐ Durchfallmittel
- ☐ mildes Abführmittel gegen Verstopfungen
- ☐ Mittel gegen Magenverstimmung oder Sodbrennen
- ☐ Augentropfen bei Reizungen
- ☐ Ohrentropfen
- ☐ Halsschmerztabletten
- ☐ Hustenlöser
- ☐ Nasentropfen
- ☐ Empfängnisverhütungsmittel und/oder Kondome
- ☐ für Frauen evtl. Mittel gegen Pilzinfektionen
- ☐ Damenhygieneartikel
- ☐ Ohrstöpsel
- ☐ persönliche (verschriebene) Medikamente

Ordnung im Kinderzimmer

Boden

- ☐ Papierschnipsel und Müll in den Mülleimer werfen
- ☐ Gläser/Teller/Flaschen in die Küche bringen
- ☐ Spielzeug in Kisten/Schubladen räumen
- ☐ Bücher ins Regal stellen
- ☐ CDs wegräumen
- ☐ schmutzige Kleidung in den Wäschekorb packen
- ☐ saubere Sachen in den Kleiderschrank räumen
- ☐ Schuhe an die Garderobe stellen
- ☐ Handtücher/Haargummis ins Bad bringen
- ☐ Boden staubsaugen

Bett

- ☐ Laken glattziehen
- ☐ Kopfkissen aufschütteln
- ☐ Bettdecke lüften und ordentlich auf das Bett legen
- ☐ Kuscheltiere platzieren

Schreibtisch

- ☐ Stifte ins Mäppchen packen
- ☐ Papierblätter in Mappe/Schublade legen
- ☐ Schulsachen in den Rucksack/Schulranzen räumen
- ☐ Tischplatte feucht wischen

Schreibe die Liste auf ein Blatt Papier, laminiere sie oder stecke sie in eine Folie, und schon lassen sich die To-dos mit einem nicht-permanenten Maker spielerisch abhaken.

Ordnung im Wohnzimmer

Tägliche Aufgaben

- ☐ Gläser/Teller/Besteck wegräumen
- ☐ benutzte Dinge an ihren Platz zurückstellen
- ☐ Tisch abwischen
- ☐ Kissen und Decken aufräumen
- ☐ bei Haustieren: staubsaugen
- ☐ Pflanzen überprüfen, evtl. gießen

Wöchentliche Aufgaben

- ☐ staubwischen
- ☐ Fernseher abwischen
- ☐ Sofa absaugen
- ☐ Lampen abwischen
- ☐ glatte Böden saugen und feucht wischen

Monatliche Aufgaben

- ☐ Fenster putzen
- ☐ Möbel verrücken und darunter saugen/wischen
- ☐ Bilder und Deko abstauben

Halbjährliche Aufgaben

- ☐ Vorhänge waschen und/oder Rollos abwischen
- ☐ Heizkörper putzen
- ☐ Schubladen/Schrankfächer durchschauen und aufräumen

REGISTER

BUCHEMPFEHLUNGEN FÜR DICH

ISBN 978-3-7724-7926-7

ISBN 978-3-7724-7924-3

ISBN 978-3-7724-7921-2

ISBN 978-3-7724-7922-9

ISBN 978-3-7724-7925-0

Weitere Kreativbücher findest du auf www.TOPP-kreativ.de

DÜRFEN WIR VORSTELLEN? WIR SIND TOPP!

Uns, unsere Autoren, Bücher, Sets und viele, viele Bastelideen gibt's nicht nur auf Events und in Buchhandlungen, sondern natürlich auch online:

www.TOPP-KREATIV.de

www.TOPP-KREATIV.de/Newsletter

www.Facebook.com/Frechverlag

www.YouTube.com/Frechverlag

www.Instagram.de/Frechverlag

www.Pinterest.de/Frechverlag

Impressum

FOTOS: Fotostudio Lichtpunkt, Michael Ruder, Stuttgart
ILLUSTRATIONEN KAPITELAUFMACHERSEITEN: Rosenrot – Charlotte Müller und Christine Gerlach, Berlin
STRICHZEICHNUNGEN: Katrin Lemmer
PRODUKTMANAGEMENT UND LEKTORAT: Janina Vogel
HERSTELLUNG: Katrin Röhlig
LAYOUT: Sophia Höpfner
SATZ: Fotosatz H. Buck, Kumhausen
DRUCK UND BINDUNG: Livonia Print SIA, Lettland

1. Auflage 2018

ISBN 978-3-7724-7923-6 • Best.-Nr. 7923